열정으로 가득한 초심자의 마음가짐으로,
독자님과 함께 커가는 지식의 나무가 되겠습니다. 열정 100% 씨앤톡

초판 발행	2009년 11월 23일
초판 6쇄	2025년 03월 10일
발행인	이재현
발행처	리틀씨앤톡
등록일자	2022년 9월 23일
등록번호	제 2022-000106호
ISBN	978-89-6098-100-3 (13720)
주소	경기도 파주시 문발로 405 제2출판단지 활자마을
홈페이지	www.seentalk.co.kr
전화	02-338-0092
팩스	02-338-0097

ⓒ2009, 씨앤톡

본 책은 저작권법에 의해 보호를 받는 저작물이므로 무단 전재와 복제를 금합니다.

머리말

　간체자(簡體字)는 한자의 간략화 과정에서 생겨난 자체(字體)로 중국에서는 1955년 이후 공식적으로 간체자(简体字)만을 배우고 사용해왔습니다. 간체자에 반하여 우리가 사용하고 있는 간화하지 않은 전통적인 한자는 번체자(繁体字)라고 합니다. 중화인민공화국은 문자개혁의 일환으로 언어대중을 우선적으로 고려하여 자주 쓰는 글자 가운데 필획이 복잡하여 쓰기 힘든 글자를 골라 필획을 줄이는 작업을 계속 했습니다. 중국의 한자가 모두 간체화 된 것은 아니지만 1986년 10월 2,235개의 간체자가 최종 결정되어 오늘날까지 쓰이고 있습니다.

　번체자(繁体字)를 폐지하고, 간체자(简体字)를 사용한 이후 중국 대륙의 도시와 시골의 문맹률은 줄고, 교육을 받는 인구가 늘어났습니다. 중국 대륙, 싱가포르와 말레이시아의 대부분의 출판물은 간체자를 사용하고 있고, 학교에서도 간체자를 교육하고 있습니다.

　중국어를 처음 배우기 시작할 때 우리가 쓰고 있는 한자가 아니라 '간체자(簡體字)'를 따로 배워야 한다는 생각에, 어렵다고 느낄 수도 있습니다. 하지만 간체자는 번체자를 잘 숙지하고 있다면 쉽게 배울 수 있습니다. 간체자가 번체자의 필획을 감소시키거나 형체를 단순화한 것이 대부분이고, 현재 중국어에서 실제로 많이 쓰이는 간체자는 1000자 안팎이기 때문입니다.

　이 책은 번체자를 간체자로 만든 기본 원리를 알아보고, 기초 어휘로 간체자를 익힐 수 있도록 돕고 있습니다. 어렵고 생소하게만 느꼈던 중국어 간체자도 원리만 알면 쉽게 익힐 수 있습니다. 아울러 많이 쓰는 기초 어휘에도 익숙해질 것입니다. 중국어 간체자 쓰기 연습을 통해 중국어의 기초를 탄탄하게 다지길 바랍니다.

편집부

간체자란?

중국어는 한자를 사용하는데 한자 표기에는 번체자와 간체자가 있다.
간체자는 필획이 복잡한 번체자를 간략화한 것으로 현재 중국에서는 1956년 시행된 '한자 간화 방안'에 의해 간체자를 사용하고, 한국과 대만은 번체자를 사용하고 있다.

간체자 획순

1. 왼쪽에서 오른쪽으로 쓴다.
2. 위에서 아래로 쓴다.
3. 삐침을 먼저 쓰고 파임을 쓴다.
4. 가로획과 세로획이 교차되는 경우 가로획을 먼저 긋는다.
5. 좌우로 대칭되는 글자는 가운데 획을 먼저 긋고 왼쪽, 오른쪽 순으로 쓴다.
6. 큰 입구 안에 다른 글자가 있는 경우 바깥쪽 → 왼쪽, 위, 아래쪽을 먼저 쓰고 안쪽 글자를 쓴 후 아래 입구를 막는다.
7. 오른 쪽 위의 점은 맨 나중에 찍는다.
8. 받침 부수는 나중에 쓴다.

부수가 바뀐 간체자 및 주요 간체자

言 → 讠	門 → 门	貝 → 贝
訂 → 订 dìng	們 → 们 men	貴 → 贵 guì
話 → 话 huà	問 → 问 wèn	貨 → 货 huò
認 → 认 rèn		員 → 员 yuán
記 → 记 jì		

見 → 见
現 → 现 xiàn
規 → 规 guī

韋 → 韦 wéi
違 → 违 wéi
圍 → 围 wéi
偉 → 伟 wěi

莫 → 又
漢 → 汉 hàn
嘆 → 叹 tàn
攤 → 摊 tān

車 → 车
軍 → 军 jūn
厙 → 库 kù
連 → 连 lián

金 → 钅
針 → 针 zhēn
釘 → 钉 dīng, dìng

鳥 → 鸟
鷄 → 鸡 jī
鳴 → 鸣 míng

馬 → 马
嗎 → 吗 ma
罵 → 骂 mà

食 → 饣
飯 → 饭 fàn
飲 → 饮 yǐn, yìn
餃 → 饺 jiǎo

長 → 长
張 → 张 zhāng
場 → 场 chǎng

青 → 青
清 → 清 qīng
請 → 请 qǐng

系 → 纟
絲 → 丝 sī
紅 → 红 hóng

昜 → 汤
湯 → 汤 tāng
腸 → 肠 cháng
楊 → 杨 yáng

爲 → 为
僞 → 伪 wěi

專 → 专 zhuān
傳 → 传 chuán

魚 → 鱼 yú
離 → 离 lí
會 → 会 huì, kuài
區 → 区 qū
風 → 风 fēng

烏 → 乌 wū
書 → 书 shū
龍 → 龙 lóng
東 → 东 dōng
號 → 号 hào

電 → 电 diàn
點 → 点 diǎn
變 → 变 biàn

1
획순을 간략화 한 글자 11

2
모양을 간단하게 만든 글자 23

3
품사별 주요단어 및 간체자 27

4
주제별 간체자 쓰기 41

획순을 간략화 한 글자

1

订
dìng 띵
(동) 예약하다

• 訂 바로잡을 정

订订订订

话
huà 화
(동) 말하다

• 話 이야기 화

话话话话话话话话

认
rèn 런
(동) 알다

• 認 알 인

认认认认

记
jì 지
(동) 기록하다

• 記 기억할 기

记记记记记

计
jì 지
(동) 계산하다

• 計 셈할 계

计计计计

| 門 | mén 먼
문 문 | → | 门 | 门 门 门 |

们
men 먼
들(복수 접미사)
• 們 들 문

们 们 们 们 们

问
wèn 원
(동) 묻다
• 問 물을 문

问 问 问 问 问 问

| 貝 | bèi 뻬이
조개 패 | → | 贝 | 贝 贝 贝 贝 |

贵
guì 꾸이
(형) 귀하다, 비싸다
• 貴 귀할 귀

贵 贵 贵 贵 贵 贵 贵 贵 贵

货
huò 후어
(명) 물품, 상품
• 貨 재화 화

货 货 货 货 货 货 货 货

员 yuán 위엔 (명) 인원 員 인원 원	员员员员员员员						
	员	员	员	员	员	员	员

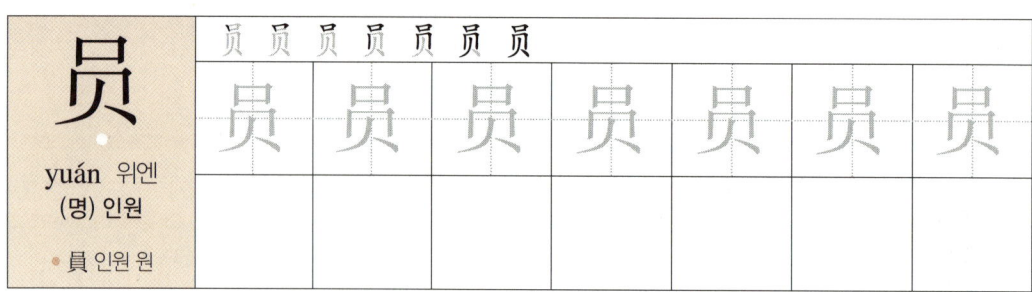

现 xiàn 씨엔 (명) 현재 現 지금 현	现现现现现现现现						
	现	现	现	现	现	现	现

规 guī 꾸이 (명) 규칙 規 법 규	规规规规规规规规						
	规	规	规	规	规	规	规

观 guān 꾸안 (동) 보다 觀 볼 관	观观观观观观						
	观	观	观	观	观	观	观

| 車 | chē 쳐
수레 차/거 | → | 车 | 车 车 车 车 |

军
jūn 쥔
(명) 군대
• 軍 군사 군

军军军军军军

库
kù 쿠
(명) 창고, 곳간
• 庫 곳집 고

库库库库库库库

连
lián 리엔
(동) 잇다
• 連 이을 련

连连连连连连连

陈
chén 쳔
(동) 늘어놓다
• 陳 늘어놓을 진

陈陈陈陈陈陈陈

挥
huī 후이
(동) 휘두르다
• 揮 휘두를 휘

挥挥挥挥挥挥挥挥

| 馬 | mǎ 마
말 마 | → | 马 | 马 马 马 |

吗
ma 마
의문 조사 마
- 嗎 의문 조사 마

吗 吗 吗 吗 吗 吗

骂
mà 마
(동) 욕하다
- 罵 욕할 매

骂 骂 骂 骂 骂 骂 骂 骂 骂

| 系 | jì 지 / xì 시
맬 계 | → | 系 | 系 系 系 系 系 系 系 |

丝
sī 쓰
(명) 생사, 견사
- 絲 실 사

丝 丝 丝 丝 丝

红
hóng 홍
(형) 붉다
- 紅 붉을 홍

红 红 红 红 红 红

| 專 | zhuān 쥬안
오로지 전 | → | 专 | 专 专 专 专 |

传
chuán 츄안
(동) 전할 전
- 傳 전할 전

传 传 传 传 传 传

转
zhuàn 쮸안
(동) 전하다, 회전하다
- 轉 옮길 전

转 转 转 转 转 转 转

| 韋 | wéi 웨이
가죽 위 | → | 韦 | 韦 韦 韦 韦 |

违
wéi 웨이
(동) 위반하다
- 違 어길 위

违 违 违 违 违 违 违

围
wéi 웨이
(동) 둘러싸다
- 圍 에울 위

围 围 围 围 围 围 围

伟

伟 伟 伟 伟 伟 伟

伟 伟 伟 伟 伟 伟 伟

wěi 웨이
(형) 위대하다

• 偉 클 위

帏

帏 帏 帏 帏 帏 帏 帏

帏 帏 帏 帏 帏 帏 帏

wéi 화
(명) 장막, 휘장

• 幃 휘장 위

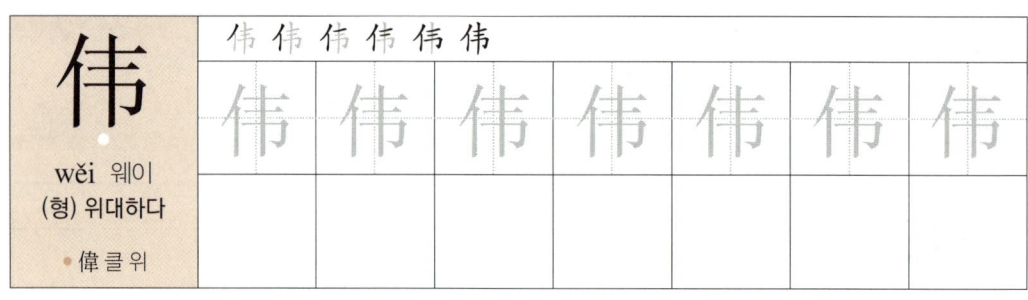

针

针 针 针 针 针 针 针

针 针 针 针 针 针 针

zhēn 쩐
(명) 바늘, 주사

• 針 바늘 침

钉

钉 钉 钉 钉 钉 钉 钉

钉 钉 钉 钉 钉 钉 钉

dìng 띵
(동) 못을 박다

• 釘 못 정

| 食 | shí 스 먹을 식 | → | 饣 | ⼃ ⼁ ⺈ |

饭
fàn 판
(명) 밥
• 飯 밥 반

饮
yǐn 인
(동) 마시다
• 飲 마실 음

饺
jiǎo 지아오
(명) 교자, 만두
• 餃 경단 교

饱
bǎo 바오
(형) 배부르다
• 飽 배부를 포

饰
shì 스
(동) 장식하다
• 飾 꾸밀 식

| 鳥 | niǎo 새
새 조 | → | 鸟 | 鸟 鸟 鸟 鸟 鸟 |

鸡
jī 지
(명) 닭
• 鷄 닭 계

鸡 鸡 鸡 鸡 鸡 鸡 鸡

鸣
míng 밍
(동) 짐승이 울다
• 鳴 울 명

鸣 鸣 鸣 鸣 鸣 鸣 鸣 鸣

| 長 | cháng 챵
길 장 | → | 长 | 长 长 长 长 |

张
zhāng 쟝
(동) 열다, 펴다
• 張 펼 장

张 张 张 张 张 张 张

场
chǎng 챵
(명) 마당, 장소
• 場 마당 장

场 场 场 场 场 场

| 昜 | yáng 양
볕 양 | → | 勿 | 勿 勿 勿 |

汤 tāng 탕
(명) 국물, 국
• 湯 끓인 물 탕

汤 汤 汤 汤 汤 汤

肠 cháng 챵
(명) 장
• 腸 창자 장

肠 肠 肠 肠 肠 肠 肠

| 漢 | 漢에서 氵을 뺀 모양 | → | 又 | 又 又 |

汉 Hàn 한
(명) 한나라
• 漢 물 이름 한

汉 汉 汉 汉 汉

叹 tàn 탄
(동) 한숨 쉬다
• 嘆 한숨 쉴 탄

叹 叹 叹 叹 叹

| 靑 | qīng 칭 푸를 청 | → | 青 | 青 青 青 青 青 青 青 青 |

清
qīng 칭
(형) 맑다, 깨끗하다
• 淸 맑을 청

清 清 清 清 清 清 清 清 清 清 清

请
qǐng 칭
(동) ~하세요
• 請 청할 청

请 请 请 请 请 请 请 请 请

| 爲 | wéi 웨이 행할 위 | | 为 | 为 为 为 为 |

伪
wěi 웨이
(형) 거짓의, 가장된
• 僞 거짓 위

伪 伪 伪 伪 伪 伪

모양을
간단하게
만든 글자
2

총 획순이 줄어든 글자

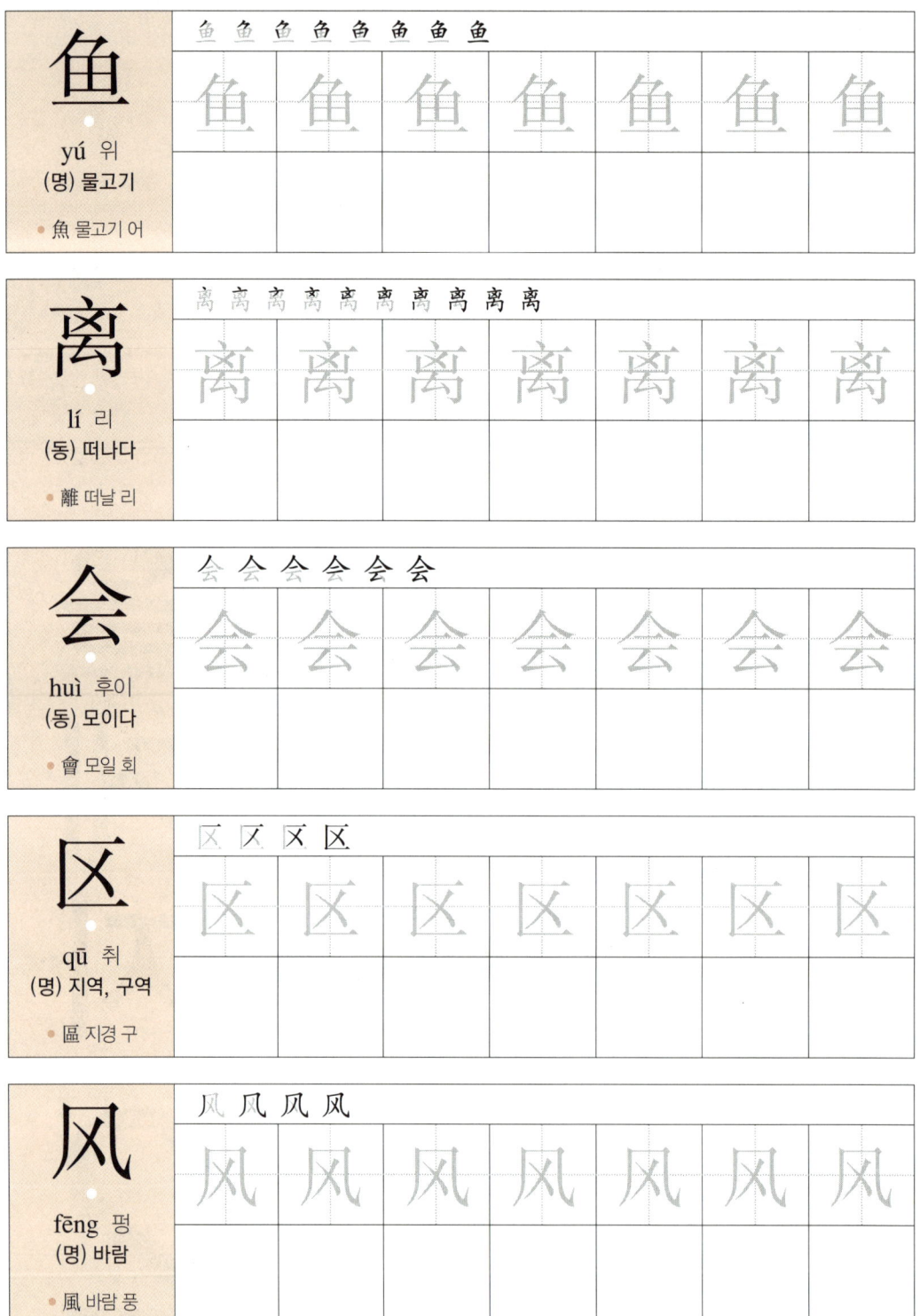

총 획순이 줄어든 글자

총 획순이 줄어든 글자

电 diàn 띠엔
(명) 전기
· 電 번개 전

电电电电电

点 diǎn 디엔
(명) 점, 방울
· 點 점 점

点点点点点点点

变 biàn 삐엔
(동) 변하다
· 變 변할 변

变变变变变变变变

품사별 주요단어 및 간체자 3

대명사

품사별 주요 단어 및 간체자

我 wǒ 워
(대) 나
• 我 나 아

们 men 먼
(접미) ~들
• 們 들 문

你 nǐ 니
(대) 너
• 你 너 니

您 nín 닌
(대) 당신
• 您 너 이

他 tā 타
(대) 그
• 他 남 타

대명사

품사별 주요 단어 및 간체자

她 tā 타 (대) 그녀 • 她 그녀 타	她她她她她她

它 tā 타 (대) 그것(동물) • 它 다를 타	它它它它它

这 zhè 쩌 (대) 이, 이것 • 這 이 저	这这这这这这这

那 nà 나 (대) 그,그것,저,저것 • 那 저 나	那那那那那那

- 우리들 我们 wǒmen 워먼
- 그들 他们 tāmen 타먼
- 그것들 它们 tāmen 타먼
- 너희들 你们 nǐmen 니먼
- 그녀들 她们 tāmen 타먼

부사

품사별 주요 단어 및 간체자

很 hěn 헌 (부) 아주
- 很 패려궂을 흔

太 tài 타이 (부) 너무
- 太 클 태

更 gèng 껑 (부) 더
- 更 고칠 경

最 zuì 쭈이 (부) 가장
- 最 가장 최

真 zhēn 쩐 (부) 정말
- 真 참 진

기본 동사

품사별 주요 단어 및 간체자

看 kàn 칸
(동) 보다
• 看 볼 간

说 shuō 슈어
(동) 말하다
• 說 말할 설

听 tīng 팅
(동) 듣다
• 聽 들을 청

读 dú 두
(동) 읽다, 공부하다
• 讀 읽을 독

写 xiě 시에
(동) 쓰다
• 寫 베낄 사

기본 동사

품사별 주요 단어 및 간체자

问 wèn 원 (동) 묻다
問 물을 문

问问问问问问

吃 chī 츠 (동) 먹다
吃 어눌할 흘

吃吃吃吃吃吃

喝 hē 흐어 (동) 마시다
喝 꾸짖을 갈

喝喝喝喝喝喝喝喝喝喝喝

哭 kū 쿠 (동) 울다
哭 곡할 곡

哭哭哭哭哭哭哭哭哭哭

笑 xiào 씨아오 (동) 웃다
笑 웃을 소

笑笑笑笑笑笑笑笑笑笑

기본 동사

穿
chuān 츄안
(동) 입다
- 穿 뚫을 천

脱
tuō 투어
(동) 벗다
- 脱 벗을 탈

去
qù 취
(동) 가다
- 去 갈 거

来
lái 라이
(동) 오다
- 來 올 래

站
zhàn 짠
(동) 서다
- 站 우두커니 설 참

기본 동사

품사별 주요 단어 및 간체자

坐
zuò 쭈어
(동) 앉다
• 坐 앉을 좌

坐 坐 坐 坐 坐 坐 坐

跑
pǎo 파오
(동) 달리다
• 跑 달릴 포

跑 跑 跑 跑 跑 跑 跑 跑 跑 跑

走
zǒu 저우
(동) 걷다, 가다
• 走 달릴 주

走 走 走 走 走 走 走

开
kāi 카이
(동) 열다
• 開 열 개

开 开 开 开

关
guān 꾸안
(동) 닫다
• 關 빗장 관

关 关 关 关 关 关

기본 동사

품사별 주요 단어 및 간체자

기본 동사

품사별 주요 단어 및 간체자

学 xué 쉬에 (동) 배우다
- 學 배울 학

学学学学学学学学

借 jiè 찌에 (동) 빌리다
- 借 빌릴 차

借借借借借借借借借

还 huán 환 (동) 돌려주다
- 還 돌아올 환

还还还还还还还

打 dǎ 다 (동) 때리다
- 打 때릴 타

打打打打打

做 zuò 쭈어 (동) 만들다
- 做 지을 주

做做做做做做做做做

기본 형용사

품사별 주요 단어 및 간체자

高 gāo 까오
(형) 높다
- 高 높을 고

低 dī 띠
(형) 낮다
- 低 낮을 저

长 cháng 챵
(형) 길다
- 長 길 장

短 duǎn 뚜안
(형) 짧다
- 短 짧을 단

大 dà 따
(형) 크다
- 大 클 대

기본 형용사

품사별 주요 단어 및 간체자

기본 형용사

품사별 주요 단어 및 간체자

快
kuài 콰이
(형) 빠르다
· 多 쾌할 쾌

慢
màn 만
(형) 느리다
· 慢 게으를 만

早
zǎo 자오
(형) 이르다
· 早 새벽 조

晚
wǎn 완
(형) 늦다
· 晚 해질 만

零
líng 링
(수) 숫자 0
· 零 나머지 령

수사

품사별 주요 단어 및 간체자

百 bǎi 바이 (수) 백
百 백 백

百百百百百百

千 qiān 치엔 (수) 천
千 일천 천

千千千

万 wàn 완 (수) 만
萬 일만 만

万万万

亿 yì 이 (수) 억
億 억 억

亿亿亿

주제별
간체자
쓰기
4

방향

上边 shàngbian 샹비엔	위쪽 • 上 윗 상 • 邊 가 변		
	上边	上边	上边

下边 xiàbian 씨아비엔	아래쪽 • 下 아래 하 • 邊 가 변		
	下边	下边	下边

前边 qiánbian 치엔비엔	위쪽 • 前 앞 전 • 邊 가 변		
	前边	前边	前边

后边 hòubian 허우비엔	뒤쪽 • 後 뒤 후 • 邊 가 변		
	后边	后边	后边

右边 yòubian 여우비엔	오른쪽 • 右 오른쪽 우 • 邊 가 변		
	右边	右边	右边

左边 zuǒbian 주어비엔	왼쪽 • 左 왼편 좌 • 边 가 변		
	左边	左边	左边

旁边 pángbian 팡비엔	옆 • 旁 곁 방 • 边 가 변		
	旁边	旁边	旁边

里边 lǐbian 리비엔	안쪽 • 里 안 리 • 边 가 변		
	里边	里边	里边

外边 wàibian 와이비엔	바깥쪽 • 外 밖 외 • 边 가 변		
	外边	外边	外边

中间 zhōngjiān 쯩지엔	중간 • 中 가운데 중 • 间 사이 간		
	中间	中间	中间

방향

주제별 간체자 쓰기 (단어)

对面
duìmiàn 뚜이미엔

맞은편 • 對 대할 대 • 面 얼굴 면

对面	对面	对面

东边
dōngbian 똥비엔

위쪽 • 東 동녘 동 • 邊 가 변

东边	东边	东边

西边
xībian 시비엔

서쪽 • 西 서녘 동 • 邊 가 변

西边	西边	西边

南边
nánbian 난비엔

남쪽 • 南 남녘 남 • 邊 가 변

南边	南边	南边

北边
běibian 베이비엔

북쪽 • 北 북녘 북 • 邊 가 변

北边	北边	北边

계절

주제별 간체자 쓰기 (단어)

季节 jìjié 찌지에

계절 • 季 철 계 • 節 마디 절

季节	季节	季节

春天 chūntiān 츈티엔

봄 • 春 봄 춘 • 天 하늘 천

春天	春天	春天

夏天 xiàtiān 씨아티엔

여름 • 夏 여름 하 • 天 하늘 천

夏天	夏天	夏天

秋天 qiūtiān 치우티엔

가을 • 秋 가을 추 • 天 하늘 천

秋天	秋天	秋天

冬天 dōngtiān 똥티엔

겨울 • 冬 겨울 동 • 天 하늘 천

冬天	冬天	冬天

가족

주제별 간체자 쓰기 (단어)

爷爷 yéye 예예	할아버지 • 爺 아비 야		
	爷爷	爷爷	爷爷

奶奶 nǎinai 나이나이	할머니 • 奶 젖 내		
	奶奶	奶奶	奶奶

爸爸 bàba 빠바	아버지 • 爸 아비 파		
	爸爸	爸爸	爸爸

妈妈 māma 마마	어머니 • 媽 어미 마		
	妈妈	妈妈	妈妈天

哥哥 gēge 꺼거	형 / 오빠 • 哥 형 가		
	哥哥	哥哥	哥哥

	언니 / 누나 • 姐 손위 누이 저		
姐姐 jiějie 지에지에	姐姐	姐姐	姐姐

	남동생 • 弟 아우 제		
弟弟 dìdi 띠디	弟弟	弟弟	弟弟

	여동생 • 妹 누이동생 매		
妹妹 mèimei 메이메이	妹妹	妹妹	妹妹

인간관계 (명사)

주제별 간체자 쓰기 (단어)

	친구 • 朋 벗 붕 • 友 벗 우		
朋友 péngyou 펑여우	朋友	朋友	朋友

	남자 • 男 사내 남 • 的 과녁 적		
男的 nánde 난더	男的	男的	男的

인간관계 (명사)

女的 nǚde 뉘더	여자 • 女 여자 녀 • 的 과녘 적		
	女的	女的	女的

对象 duìxiàng 뚜이씨앙	결혼상대 • 對 대할 대 • 象 코끼리 상		
	对象	对象	对象

恋人 liànrén 리엔런	연인 • 戀 사모할 련 • 人 사람 인		
	恋人	恋人	恋人

叔叔 shūshu 슈슈	아저씨 • 叔 아재비 숙		
	叔叔	叔叔	叔叔

阿姨 āyí 아이	아주머니 • 阿 호칭 아 • 姨 이모 이		
	阿姨	阿姨	阿姨

주제별 간체자 쓰기 (단어)

小姐 xiǎojiě 샤오지에	아가씨 • 小 작을 소 • 姐 손위 누이 저		
	小姐	小姐	小姐

同事 tóngshì 통스	동료 • 同 같을 동 • 事 일 사		
	同事	同事	同事

上级 shàngjí 샹지	상사 • 上 윗 상 • 級 등급 급		
	上级	上级	上级

下级 xiàjí 씨아지	부하 • 下 아래 하 • 級 등급 급		
	下级	下级	下级

邻居 línjū 린쥐	이웃 • 鄰 이웃 린 • 居 살 거		
	邻居	邻居	邻居

인간관계 (동사)

认识 rènshi 런스	알다 • 認 알 인 • 識 알 식			
	认识	认识	认识	
见面 jiànmiàn 지엔미엔	만나다 • 見 볼 견 • 面 얼굴 면			
	见面	见面	见面	
交往 jiāowǎng 지아오왕	사귀다 • 交 사귈 교 • 往 갈 왕			
	交往	交往	交往	
分手 fēnshǒu 펀셔우	헤어지다 • 分 나눌 분 • 手 손 수			
	分手	分手	分手	
介绍 jièshào 찌에샤오	소개하다 • 介 낄 개 • 紹 이을 소			
	介绍	介绍	介绍	

约定 yuēdìng 위에띵	약속하다 · 約 약속 약 · 定 정할 정		
	约定	约定	约定

欢迎 huānyíng 환잉	환영하다 · 歡 기뻐할 환 · 迎 맞이할 영		
	欢迎	欢迎	欢迎

邀请 yāoqǐng 야오칭	초대하다 · 邀 맞이할 요 · 請 청할 청		
	邀请	邀请	邀请

吵架 chǎojià 차오지아	말다툼하다 · 吵 소리 초 · 架 시렁 가		
	吵架	吵架	吵架

访问 fǎngwèn 팡원	방문(하다) · 訪 찾을 방 · 問 물을 문		
	访问	访问	访问

사람의 일생 (명사)

一生 yìshēng 이셩	일생 • 一 하나 일 • 生 날 생			
	一生	一生	一生	
人生 rénshēng 런셩	인생 • 人 사람 인 • 生 날 생			
	人生	人生	人生	
婚礼 hūnlǐ 훈리	결혼식 • 婚 혼인할 혼 • 禮 예 례			
	婚礼	婚礼	婚礼	
葬礼 zànglǐ 짱리	장례식 • 葬 장사지낼 장 • 禮 예 례			
	葬礼	葬礼	葬礼	
坟墓 fénmù 펀무	무덤 • 墳 무덤 분 • 墓 무덤 묘			
	坟墓	坟墓	坟墓	

遗言 yíyán 이옌	유언 • 遺 남을 유 • 言 말씀 언			
	遗言	遗言	遗言	
年纪 niánjì 니엔지	나이 • 年 해 년 • 紀 벼리 기			
	年纪	年纪	年纪	
机会 jīhuì 지후이	기회 • 機 틀 기 • 會 모일 회			
	机会	机会	机会	
成功 chénggōng 청꽁	성공 • 成 이룰 성 • 功 공 공			
	成功	成功	成功	
失败 shībài 스빠이	실패 • 失 잃을 실 • 敗 패할 패			
	失败	失败	失败	

사람의 일생 (동사)

生活 shēnghuó 셩후어	생활하다 •生 날 생 •活 살 활			
	生活	生活	生活	

出生 chūshēng 츄셩	태어나다 •出 날 출 •生 날 생			
	出生	出生	出生	

成长 chéngzhǎng 청장	자라다 •成 이룰 성 •长 자랄 장			
	成长	成长	成长	

谈恋爱 tán liàn'ài 탄 리엔아이	연애하다 •谈 말할 담 •恋 사모할 련 •爱 사랑 애			
	谈恋爱	谈恋爱	谈恋爱	

订婚 dìnghūn 띵훈	약혼하다 •订 바로잡을 정 •婚 혼인할 혼			
	订婚	订婚	订婚	

주제별 간체자 쓰기 (단어)

结婚 jiéhūn 지에훈	결혼하다 • 結 맺을 결 • 婚 혼인할 혼		
	结婚	结婚	结婚

离婚 líhūn 리훈	나이 • 離 떠날 리 • 婚 혼인할 혼		
	离婚	离婚	离婚

怀孕 huáiyùn 화이윈	임신하다 • 懷 품을 회 • 孕 애 밸 잉		
	怀孕	怀孕	怀孕

生孩子 shēng háizi 셩 하이쯔	아이를 낳다 • 生 날 생 • 孩 어린아이 해 • 子 아들 자		
	生孩子	生孩子	生孩子

养育 yǎngyù 양위	아이를 키우다 • 養 기를 양 • 育 기를 육		
	养育	养育	养育

사람의 몸 (얼굴)

头发 tóufa 터우파	머리카락 • 頭 머리 두 • 發 쏠 발		
	头发	头发	头发

脸 liǎn 리엔	얼굴 • 臉 뺨 검		
	脸	脸	脸

眼睛 yǎnjing 옌징	눈 • 眼 눈 안 • 睛 눈동자 정		
	眼睛	眼睛	眼睛

鼻子 bízi 비쯔	코 • 鼻 코 비 • 子 아들 자		
	鼻子	鼻子	鼻子

嘴 zuǐ 쭈이	입 • 嘴 부리 취		
	嘴	嘴	嘴

耳朵 ěrduo 얼뚜오	귀 • 耳 귀 이 • 朵 송이 타		
	耳朵	耳朵	耳朵

面颊 miànjiá 미엔지아	볼, 뺨 • 面 얼굴 면 • 頰 뺨 협		
	面颊	面颊	面颊

嘴唇 zuǐchún 쭈이춘	입술 • 嘴 부리 취 • 唇 입술 순		
	嘴唇	嘴唇	嘴唇

额头 étou 어터우	이마 • 额 이마 액 • 頭 머리 두		
	额头	额头	额头

下巴 xiàba 씨아바	턱 • 下 아래 하 • 巴 바랄 파		
	下巴	下巴	下巴

사람의 몸(신체)

头 tóu 터우	머리 • 頭 머리 두			
	头	头	头	

脖子 bózi 보즈	목 • 脖 배꼽 발 • 子 아들 자			
	脖子	脖子	脖子	

肩膀 jiānbǎng 지엔방	어깨 • 肩 어깨 견 • 膀 옆구리 방			
	肩膀	肩膀	肩膀	

肚子 dùzi 뚜즈	배 • 肚 배 두 • 子 아들 자			
	肚子	肚子	肚子	

胳膊 gēbo 꺼보	팔 • 胳 겨드랑이 각 • 膊 어깨 박			
	胳膊	胳膊	胳膊	

	다리 • 腿 다릿살 퇴		
腿 tuǐ 퉤이	腿	腿	腿

	엉덩이 • 屁 방귀 비 • 股 넓적다리 고		
屁股 pìgu 피구	屁股	屁股	屁股

	허리 • 腰 허리 요		
腰 yāo 야오	腰	腰	腰

	무릎 • 膝 무릎 슬 • 蓋 덮을 개		
膝盖 xīgài 씨까이	膝盖	膝盖	膝盖

	발 • 脚 다리 각		
脚 jiǎo 지아오	脚	脚	脚

사람의 몸(신체)

脑 nǎo 나오	뇌 • 腦 머릿골 뇌			
	脑	脑	脑	

心脏 xīnzàng 신짱	심장 • 心 마음 심 • 臟 오장 장			
	心脏	心脏	心脏	

大肠 dàcháng 따챵	대장 • 大 큰 대 • 腸 창자 장			
	大肠	大肠	大肠	

小肠 xiǎocháng 시아오챵	소장 • 小 작을 소 • 腸 창자 장			
	小肠	小肠	小肠	

肝脏 gānzàng 깐짱	간장 • 肝 간 간 • 臟 오장 장			
	肝脏	肝脏	肝脏	

주제별 간체자 쓰기 (단어)

肾脏 shènzàng 션짱	신장 • 腎 콩팥 신 • 臟 오장 장
	肾脏　肾脏　肾脏

骨头 gǔtou 구터우	뼈 • 骨 뼈 골 • 頭 머리 두
	骨头　骨头　骨头

关节 guānjié 꾸안지에	관절 • 關 빗장 관 • 節 마디 절
	关节　关节　关节

血液 xuèyè 쉬에예	혈액 • 血 피 혈 • 液 즙 액
	血液　血液　血液

肌肉 jīròu 지러우	근육 • 肌 살가죽 기 • 肉 고기 육
	肌肉　肌肉　肌肉

신체의 상태

	아프다 • 疼 아플 동		
疼 téng 텅	疼	疼	疼

	피곤하다 • 累 여러 루		
累 lèi 레이	累	累	累

	기침하다 • 咳 기침 해 • 嗽 기침할 수		
咳嗽 késou 커서우	咳嗽	咳嗽	咳嗽

	이가 아프다 • 牙 어금니 아 • 疼 아플 동		
牙疼 yáténg 야텅	牙疼	牙疼	牙疼

	머리가 아프다 • 頭 머리 두 • 疼 아플 동		
头疼 tóuténg 터우텅	头疼	头疼	头疼

주제별 간체자 쓰기 (단어)

发冷 fālěng 파렁	오한이 나다 • 發 쏠 발 • 冷 찰 랭			
	发冷	发冷	发冷	

肚子疼 dùzi téng 뚜즈 텅	배 아프다 • 肚 배 두 • 子 아들 자 • 疼 아플 동			
	肚子疼	肚子疼	肚子疼	

拉肚子 lā dùzi 라 뚜즈	설사하다 • 拉 끌 랍 • 肚 배 두 • 子 아들			
	拉肚子	拉肚子	拉肚子	

发烧 fāshāo 파샤오	열나다 • 发 쏠 발 • 燒 불사를 소			
	发烧	发烧	发烧	

头晕 tóuyūn 터우윈	어지럽다 • 頭 머리 두 • 暈 어지러울 운			
	头晕	头晕	头晕	

생리 현상

呼吸 hūxī 후시	숨 쉬다 • 呼 숨 내쉴 호 • 吸 숨 들이쉴 흡			
	呼吸	呼吸	呼吸	

出汗 chūhàn 츄한	땀이 나다 • 出 날 출 • 汗 땀 한			
	出汗	出汗	出汗	

出冷汗 chū lěnghàn 츄 렁한	식은땀이 나다 • 出 날 출 • 冷 찰 랭 • 汗 땀 한			
	出冷汗	出冷汗	出冷汗	

流泪 liúlèi 리우레이	눈물을 흘리다 • 流 흐를 류 • 泪 눈물 루			
	流泪	流泪	流泪	

流口水 liú kǒushuǐ 리우 커우쉐이	침을 흘리다 • 流 흐를 류 • 口 입 구 • 水 물 수			
	流口水	流口水	流口水	

주제별 간체자 쓰기 (단어)

打喷嚏 dǎ pēntì 다 펀티	재채기하다 • 打 때릴 타 • 喷 뿜을 분 • 嚏 재채기할 체			
	打喷嚏	打喷嚏	打喷嚏	

打哈欠 dǎ hāqian 다 하치엔	하품하다 • 打 때릴 타 • 哈 마실 합 • 欠 하품 흠			
	打哈欠	打哈欠	打哈欠	

打嗝儿 dǎgér 다꺼얼	딸꾹질하다 • 打 때릴 타 • 嗝 딸꾹질할 객 • 儿 아이 아			
	打嗝儿	打嗝儿	打嗝儿	

放屁 fàngpì 팡피	방귀를 뀌다 • 放 놓을 방 • 屁 방귀 비			
	放屁	放屁	放屁	

大小便 dàxiǎobiàn 따시아오삐엔	대·소변(을 보다) • 大 큰 대 • 小 작을 소 • 便 편할 편			
	大小便	大小便	大小便	

성격

活泼 huópo 후어포
활발하다 • 活 살 활 • 泼 뿌릴 발

开朗 kāilǎng 카이랑
명랑하다 • 開 열 개 • 朗 밝을 랑

积极 jījí 지지
적극적이다 • 積 쌓을 적 • 極 다할 극

干脆 gāncuì 깐추이
시원스럽다 • 幹 마를 건 / 방패 간 • 脆 무를 취

大方 dàfang 따팡
대범하다 • 大 클 대 • 方 모 방

体贴 tǐtiē 티티에	자상하다 • 體 몸 체 • 貼 붙을 첩			
	体贴	体贴	体贴	
温柔 wēnróu 원러우	상냥하다 • 温 따뜻할 온 • 柔 부드러울 유			
	温柔	温柔	温柔	
坦白 tǎnbái 탄바이	솔직하다 • 坦 평평할 탄 • 白 흰 백			
	坦白	坦白	坦白	
坦率 tǎnshuài 탄슈아이	정직하다 • 坦 평평할 탄 • 率 거느릴 솔			
	坦率	坦率	坦率	
亲切 qīnqiè 친치에	친절하다 • 親 친할 친 • 切 절박할 절			
	亲切	亲切	亲切	

성격

诚实 chéngshí 청스	성실하다 • 誠 정성 성 • 實 열매 실		
	诚实	诚实	诚实

有礼貌 yǒu lǐmào 여우 리마오	예의 바르다 • 有 있을 유 • 禮 예례 • 貌 모양 모		
	有礼貌	有礼貌	有礼貌

坚决 jiānjué 지엔쥐에	단호하다 • 堅 굳을 견 • 决 결단할 결		
	坚决	坚决	坚决

勇敢 yǒnggǎn 용간	용감하다 • 勇 날랠 용 • 敢 굳셀 감		
	勇敢	勇敢	勇敢

谦虚 qiānxū 치엔쒸	겸허하다 • 謙 겸손할 겸 • 虛 공허할 허		
	谦虚	谦虚	谦虚

주제별 간체자 쓰기 (단어)

性急 xìngjí 씽지	성격이 급하다 • 性 성품 성 • 急 급할 급		
	性急	性急	性急

内向 nèixiàng 네이씨앙	내성적이다 • 内 안 내 • 向 향할 향		
	内向	内向	内向

小气 xiǎoqì 시아오치	소심하다 • 小 작을 소 • 氣 기운 기		
	小气	小气	小气

冷淡 lěngdàn 렁딴	냉정하다 • 冷 찰 랭 • 淡 싱거울 담		
	冷淡	冷淡	冷淡

骄傲 jiāo'ào 지아오아오	거만하다 • 驕 교만할 교 • 傲 업신여길 오		
	骄傲	骄傲	骄傲

감정

爱 ài 아이	사랑하다 • 愛 사랑 애
	爱　爱　爱

喜欢 xǐhuan 시환	좋아하다 • 喜 기쁠 희 • 歡 기뻐할 환
	喜欢　喜欢　喜欢

开心 kāixīn 카이씬	즐겁다 • 開 열 개 • 心 마음 심
	开心　开心　开心

高兴 gāoxìng 까오씽	기쁘다 • 高 높을 고 • 興 기뻐할 흥
	高兴　高兴　高兴

幸福 xìngfú 씽푸	행복하다 • 幸 다행 행 • 福 복 복
	幸福　幸福　幸福

满意
mǎnyì 만이

만족하다 • 滿 찰 만 • 意 뜻 의

满意	满意	满意

感动
gǎndòng 간똥

감동하다 • 感 느낄 감 • 動 움직일 동

感动	感动	感动

放心
fàngxīn 팡씬

안심하다 • 放 놓을 방 • 心 마음 심

放心	放心	放心

轻松
qīngsōng 칭쏭

홀가분하다 • 輕 가벼울 경 • 鬆 소나무 송

轻松	轻松	轻松

舒服
shūfu 슈푸

편안하다 • 舒 펼 서 • 服 옷 복

舒服	舒服	舒服

감정

寂寞 jìmò 찌모	외롭다 • 寂 고요할 적 • 莫 쓸쓸할 막		
	寂寞	寂寞	寂寞

痛苦 tòngkǔ 통쿠	고통스럽다 • 痛 아파할 통 • 苦 쓸 고		
	痛苦	痛苦	痛苦

伤心 shāngxīn 샹신	마음이 아프다 • 伤 다칠 상 • 心 마음 심		
	伤心	伤心	伤心

忧郁 yōuyù 여우위	우울하다 • 忧 근심할 우 • 鬱 우거질 울		
	忧郁	忧郁	忧郁

生气 shēngqì 셩치	화나다 • 生 날 생 • 氣 기운 기		
	生气	生气	生气

주제별 간체자 쓰기 (단어)

兴奋 xīngfèn 씽펀	흥분하다 • 興 일 흥 • 奮 떨칠 분		
	兴奋	兴奋	兴奋

讨厌 tǎoyàn 타오옌	싫다, 밉다 • 討 칠 토 • 厭 싫어할 염		
	讨厌	讨厌	讨厌

羡慕 xiànmù 씨엔무	부러워하다 • 羨 부러워할 선 • 慕 사모할 모		
	羡慕	羡慕	羡慕

担心 dānxīn 딴씬	걱정하다 • 擔 멜 담 • 心 마음 심		
	担心	担心	担心

烦恼 fánnǎo 판나오	고민하다 • 煩 번거로울 번 • 惱 괴로워할 뇌		
	烦恼	烦恼	烦恼

의복

	옷 • 衣 옷 의 • 服 옷 복		
衣服 yīfu 이푸	衣服	衣服	衣服

	양복 • 西 서녘 서 • 服 옷 복		
西服 xīfú 시푸	西服	西服	西服

	와이셔츠 • 衬 속옷 친 • 衫 적삼 삼		
衬衫 chènshān 천샨	衬衫	衬衫	衬衫

	바지 • 裤 바지 고 • 子 아들 자		
裤子 kùzi 쿠쯔	裤子	裤子	裤子

	스웨터 • 毛 털 모 • 衣 옷 의		
毛衣 máoyī 마오이	毛衣	毛衣	毛衣

주제별 간체자 쓰기 (단어)

裙子 qúnzi 췬쯔	치마 • 裙 치마 군 • 子 아들 자		
	裙子	裙子	裙子

外套 wàitào 와이타오	외투 • 外 밖 외 • 套 클 투		
	外套	外套	外套

夹克 jiákè 지아커	쟈켓 • 夾 낄 협 • 克 이길 극		
	夹克	夹克	夹克

套装 tàozhuāng 타오쭈앙	투피스 • 套 클 투 • 裝 차릴 장		
	套装	套装	套装

睡衣 shuìyī 쉐이이	잠옷 • 睡 잠잘 수 • 衣 옷 의		
	睡衣	睡衣	睡衣

색상

颜色 yánsè 옌써	색 • 颜 얼굴 안 • 色 빛 색		
	颜色	颜色	颜色
白色 báisè 바이써	흰색 • 白 흰 백 • 色 빛 색		
	白色	白色	白色
黑色 hēisè 헤이써	검정색 • 黑 검을 흑 • 色 빛 색		
	黑色	黑色	黑色
灰色 huīsè 훼이써	회색 • 灰 재 회 • 色 빛 색		
	灰色	灰色	灰色
红色 hóngsè 홍써	빨간색 • 红 붉을 홍 • 色 빛 색		
	红色	红色	红色

黄色 huángsè 황써	노란색 • 黃 누를 황 • 色 빛 색			
	黄色	黄色	黄色	
蓝色 lánsè 란써	파란색 • 藍 남빛 람 • 色 빛 색			
	蓝色	蓝色	蓝色	
绿色 lǜsè 뤼써	녹색 • 綠 초록빛 록 • 色 빛 색			
	绿色	绿色	绿色	
紫色 zǐsè 쯔써	보라색 • 紫 자주빛 자 • 色 빛 색			
	紫色	紫色	紫色	
棕色 zōngsè 쫑써	갈색 • 棕 종려나무 종 • 色 빛 색			
	棕色	棕色	棕色	

식사

菜 cài 차이	요리 • 菜 나물 채		
	菜	菜	菜

早饭 zǎofàn 자오판	아침식사 • 早 새벽 조 • 飯 밥 반		
	早饭	早饭	早饭

午饭 wǔfàn 우판	점심식사 • 午 낮 오 • 飯 밥 반		
	午饭	午饭	午饭

晚饭 wǎnfàn 완판	저녁식사 • 晚 해질 만 • 飯 밥 반		
	晚饭	晚饭	晚饭

零食 língshí 링스	간식 • 零 나머지 령 • 食 먹을 식		
	零食	零食	零食

주제별 간체자 쓰기 (단어)

夜宵 yèxiāo 예시아오	야식 •夜 밤 야 •宵 밤 소		
	夜宵	夜宵	夜宵

饭 fàn 판	밥, 식사 •飯 밥 반		
	饭	饭	饭

汤 tāng 탕	탕, 수프 •湯 끓일 탕		
	汤	汤	汤

小菜 xiǎocài 샤오차이	반찬 •小 작을 소 •菜 나물 채		
	小菜	小菜	小菜

面包 miànbāo 미엔빠오	빵 •麵 밀가루 면 •包 쌀 포		
	面包	面包	面包

음료

	음료 •饮 마실 음 •料 헤아릴 료		
饮料 yǐnliào 인리아오	饮料	饮料	饮料

	생수, 광천수 •矿 쇳돌 광 •泉 샘 천 •水 물 수		
矿泉水 kuàngquánshuǐ 쾅취엔쉐이	矿泉水	矿泉水	矿泉水

	녹차 •绿 초록빛 록 •茶 차나무 다		
绿茶 lǜchá 뤼차	绿茶	绿茶	绿茶

	홍차 •红 붉을 홍 •茶 차나무 다		
红茶 hóngchá 홍차	红茶	红茶	红茶

	우유 •牛 소 우 •奶 젖 내		
牛奶 niúnǎi 니우나이	牛奶	牛奶	牛奶

果汁
guǒzhī 구어즈

과일 쥬스 • 果 과실 과 • 汁 즙 즙

果汁	果汁	果汁

可乐
kělè 컬러

콜라 • 可 옳을 가 • 樂 즐거울 락

可乐	可乐	可乐

啤酒
píjiǔ 피지우

맥주 • 啤 맥주 비 • 酒 술 주

啤酒	啤酒	啤酒

洋酒
yángjiǔ 양지우

양주 • 洋 큰 바다 양 • 酒 술 주

洋酒	洋酒	洋酒

葡萄酒
pútáojiǔ 푸타오지우

포도주 • 葡 포도나무 포 • 萄 포도나무 도 • 酒 술 주

葡萄酒	葡萄酒	葡萄酒

과일

水果 shuǐguǒ 쉐이구어
과일 • 水 물 수 • 果 과실(열매) 과

| 水果 | 水果 | 水果 |

橘子 júzi 쥐쯔
귤 • 橘 귤 귤 • 子 아들 자

| 橘子 | 橘子 | 橘子 |

苹果 píngguǒ 핑구어
사과 • 苹 네가래 빈 • 果 과실(열매) 과

| 苹果 | 苹果 | 苹果 |

梨子 lízi 리즈
배 • 梨 배나무 리 • 子 아들 자

| 梨子 | 梨子 | 梨子 |

柿子 shìzi 스즈
감 • 柿 감나무 시 • 子 아들 자

| 柿子 | 柿子 | 柿子 |

주제별 간체자 쓰기 (단어)

	바나나 • 香 향기 향 • 蕉 파초 초		
香蕉 xiāngjiāo 시앙지아오	香蕉	香蕉	香蕉

	오렌지 • 橙 등나무 등 • 子 아들 자		
橙子 chéngzi 청쯔	橙子	橙子	橙子

	수박 • 西 서녘 서 • 瓜 오이 과		
西瓜 xīguā 시꽈	西瓜	西瓜	西瓜

	포도 • 葡 포도나무 포 • 萄 포도나무 도		
葡萄 pútáo 푸타오	葡萄	葡萄	葡萄

	딸기 • 草 풀 초 • 莓 딸기 매		
草莓 cǎoméi 차오메이	草莓	草莓	草莓

고기류

주제별 간체자 쓰기 (단어)

猪肉 zhūròu 쭈러우	돼지고기 • 猪 돼지 저 • 肉 고기 육		
	猪肉	猪肉	猪肉

牛肉 niúròu 니우러우	소고기 • 牛 소 우 • 肉 고기 육		
	牛肉	牛肉	牛肉

鸡肉 jīròu 지러우	닭고기 • 鸡 닭 계 • 肉 고기 육		
	鸡肉	鸡肉	鸡肉

鸭肉 yāròu 야러우	오리고기 • 鸭 오리 압 • 肉 고기 육		
	鸭肉	鸭肉	鸭肉

羊肉 yángròu 양러우	양고기 • 羊 양 양 • 肉 고기 육		
	羊肉	羊肉	羊肉

해산물

주제별 간체자 쓰기 (단어)

海鲜 hǎixiān 하이시엔
해산물 • 海 바다 해 • 鲜 고울 선

海鲜	海鲜	海鲜

鱿鱼 yóuyú 여우위
오징어 • 鱿 오징어 우 • 鱼 물고기 어

鱿鱼	鱿鱼	鱿鱼

虾 xiā 시아
새우 • 蝦 새우 하

虾	虾	虾

贝 bèi 뻬이
조개 • 貝 조개 패

贝	贝	贝

海带 hǎidài 하이따이
다시마, 미역 • 海 바다 해 • 带 띠 대

海带	海带	海带

주거 (집)

房子 fángzi 팡쯔	집, 가옥 • 房 방방 • 子 아들자		
	房子	房子	房子

公寓 gōngyù 꽁위	아파트 • 公 함께할 공 • 寓 거주할 우		
	公寓	公寓	公寓

平房 píngfáng 핑팡	단층집 • 平 바를 평 • 房 방방		
	平房	平房	平房

楼房 lóufáng 러우팡	빌라 • 樓 다락 루 • 房 방방		
	楼房	楼房	楼房

大楼 dàlóu 따러우	빌딩 • 大 클 대 • 樓 다락 루		
	大楼	大楼	大楼

	집세 • 房 방방 • 租 구실 조		
房租 fángzū 팡주	房租	房租	房租

	집주인 • 房 방방 • 東 동녘 동		
房东 fángdōng 팡똥	房东	房东	房东

	임차인 • 房 방방 • 客 나그네 객		
房客 fángkè 팡커	房客	房客	房客

	살다 • 住 살 주		
住 zhù 쭈	住	住	住

	짓다 • 蓋 덮을 개		
盖 gài 까이	盖	盖	盖

주거 (집)

阳台 yángtái 양타이	베란다 • 陽 볕양 • 臺 대대		
	阳台	阳台	阳台

门 mén 먼	문 • 門 문문		
	门	门	门

院子 yuànzi 위엔쯔	마당 • 院 집원 • 子 아들자/어조사자		
	院子	院子	院子

车库 chēkù 처쿠	차고 • 車 수레차 • 庫 곳집고		
	车库	车库	车库

门铃 ménlíng 먼링	초인종 • 門 문문 • 鈴 방울령		
	门铃	门铃	门铃

주제별 간체자 쓰기 (단어)

窗户 chuānghu 촹후	창문 • 窗 창창 • 户 집호/지게호			
	窗户	窗户	窗户	
墙 qiáng 치앙	벽 • 墙 담장			
	墙	墙	墙	
走廊 zǒuláng 저우랑	복도 • 走 달릴 주 • 廊 곁채 랑			
	走廊	走廊	走廊	
楼梯 lóutī 러우티	계단 • 樓 다락 루 • 梯 사닥다리 제			
	楼梯	楼梯	楼梯	
楼上 lóushàng 러우상	윗층 • 樓 다락 루 • 上 윗상			
	楼上	楼上	楼上	

주거 (집 내부)

楼下 lóuxià 러우씨아
아래층 • 楼 다락 루 • 下 아래 하

客厅 kètīng 커팅
거실 • 客 나그네 객 • 廳 마을 청

厨房 chúfáng 츄팡
부엌 • 厨 부엌 주 • 房 방 방

浴室 yùshì 위스
욕실 • 浴 미역 감을 욕 • 室 집 실

卧室 wòshì 워스
침실 • 卧 누울 와 • 室 집 실

주제별 간체자 쓰기 (단어)

教育 jiàoyù 지아오위	교육 • 教 가르칠 교 • 育 기를 육			
	教育	教育	教育	

学校 xuéxiào 쉬에샤오	학교 • 學 배울 학 • 校 학교 교			
	学校	学校	学校	

年级 niánjí 니엔지	학년 • 年 해 년 • 級 등급 급			
	年级	年级	年级	

学期 xuéqī 쉬에치	학기 • 學 배울 학 • 期 때 기			
	学期	学期	学期	

学科 xuékē 쉬에거	학과 • 學 배울 학 • 科 조목 과			
	学科	学科	学科	

교육

	초등학교 • 小 작을 소 • 學 배울 학		
小学 xiǎoxué 시아오쉬에	小学	小学	小学

	중학교 • 中 가운데 중 • 學 배울 학		
中学 zhōngxué 쫑쉬에	中学	中学	中学

	중학교 • 初 처음 초 • 中 가운데 중		
初中 chūzhōng 츄쫑	初中	初中	初中

	고등학교 • 高 높을 고 • 中 가운데 중		
高中 gāozhōng 까오쫑	高中	高中	高中

	대학 • 大 클 대 • 學 배울 학		
大学 dàxué 따쉬에	大学	大学	大学

주제별 간체자 쓰기 (단어)

教室 jiàoshì 지아오스	교실 • 教 가르칠 교 • 室 집 실
	教室　教室　教室

老师 lǎoshī 라오스	선생님 • 老 늙을 로 • 師 스승 사
	老师　老师　老师

学生 xuésheng 쉬에셩	학생 • 學 배울 학 • 生 날 생
	学生　学生　学生

课本 kèběn 커번	교과서 • 課 시험할 과 • 本 근본 본
	课本　课本　课本

本子 běnzi 번즈	노트 • 本 근본 본 • 子 아들 자
	本子　本子　本子

교실

黑板 hēibǎn 헤이반
칠판 • 黑 검을 흑 • 板 널조각 판

桌子 zhuōzi 쭈어즈
책상 • 桌 탁자 탁 • 子 아들 자 / 어조사 자

椅子 yǐzi 이즈
의자 • 椅 의나무 의 • 子 아들 자 / 어조사 자

铅笔 qiānbǐ 치엔삐
연필 • 鉛 납 연 • 筆 붓 필

电脑 diànnǎo 띠엔나오
컴퓨터 • 電 번개 전 • 腦 머릿골 뇌

학교생활

주제별 간체자 쓰기 (단어)

考试
kǎoshì 카오스

시험 · 考 상고할 고 · 試 시험할 시

成绩
chéngjì 청지

성적 · 成 이룰 성 · 績 자을 적

学分
xuéfēn 쉬에펀

학점 · 學 배울 학 · 分 나눌 분

课程表
kèchéngbiǎo 커청비아오

시간표 · 課 시험할 과 · 程 한도 정 · 表 겉 표

暑假
shǔjià 슈시아

여름방학 · 暑 더울 서 · 假 틈 가

학교생활

校园 xiàoyuán 씨아오위엔	교정 / 캠퍼스 • 校 학교 교 • 園 동산 원			
	校园	校园	校园	

宿舍 sùshè 쑤셔	기숙사 • 宿 묵을 숙 • 捨 집 사			
	宿舍	宿舍	宿舍	

学习 xuéxí 쉬에시	공부하다 • 學 배울 학 • 習 익힐 습			
	学习	学习	学习	

开学 kāixué 카이쉬에	개학하다 • 開 열 개 • 學 배울 학			
	开学	开学	开学	

放假 fàngjià 팡지아	방학하다 • 放 놓을 방 • 假 틈 가			
	放假	放假	放假	

주제별 간체자 쓰기 (단어)

入学 rùxué 루쉬에	입학하다 • 入 들 입 • 學 배울 학		
	入学	入学	入学

毕业 bìyè 삐예	졸업하다 • 畢 마칠 필 • 業 업 업		
	毕业	毕业	毕业

上课 shàngkè 샹커	수업 시작하다 • 上 윗 상 • 課 시험할 과		
	上课	上课	上课

下课 xiàkè 씨아커	수업을 마치다 • 下 아래 하 • 課 시험할 과		
	下课	下课	下课

上学 shàngxué 샹쉬에	등교하다 • 上 윗 상 • 學 배울 학		
	上学	上学	上学

학교생활

放学 fàngxué 팡쉬에	하교하다 • 放 놓을 방 • 學 배울 학		
	放学	放学	放学

出席 chūxí 츄시	출석하다 • 出 날 출 • 席 자리 석		
	出席	出席	出席

缺席 quēxí 취에시	결석하다 • 缺 이지러질 결 • 席 자리 석		
	缺席	缺席	缺席

迟到 chídào 츠따오	지각하다 • 遲 더딜 지 • 到 이를 도		
	迟到	迟到	迟到

预习 yùxí 위시	예습하다 • 預 미리 예 • 習 배울 습		
	预习	预习	预习

주제별 간체자 쓰기 (단어)

复习 fùxí 푸시	복습하다 • 復 돌아올 복 / 다시 부 • 習 배울 습		
	复习	复习	复习

做作业 zuò zuòyè 쭈어 쭈어예	숙제하다 • 做 지을 주 • 作 지을 작 • 業 업 업		
	做作业	做作业	做作业

教 jiāo 지아오	가르치다 • 教 가르칠 교		
	教	教	教

提问 tíwèn 티원	질문하다 • 提 끌 제 • 問 물을 문		
	提问	提问	提问

回答 huídá 훼이다	대답하다 • 回 돌 회 • 答 대답할 답		
	回答	回答	回答

학교생활

寒假 hánjià 한지아
겨울방학 • 寒 찰 한 • 假 틈 가

郊游 jiāoyóu 지아오여우
소풍 • 郊 성밖 교 • 游 헤엄칠 유

操场 cāochǎng 차오챵
운동장 • 操 잡을 조 • 场 마당 장

体育馆 tǐyùguǎn 티위관
체육관 • 體 몸 체 • 育 기를 육 • 館 객사 관

图书馆 túshūguǎn 투슈관
도서관 • 圖 그림 도 • 書 책 서 • 館 객사 관

교통수단

주제별 간체자 쓰기 (단어)

飞机 fēijī 페이지	비행기 • 飛 날 비 • 機 기계 기		
	飞机	飞机	飞机

火车 huǒchē 훠쳐	기차 • 火 불 화 • 車 수레 거		
	火车	火车	火车

地铁 dìtiě 띠티에	지하철 • 地 땅 지 • 鐵 쇠 철		
	地铁	地铁	地铁

出租车 chūzūchē 츄주쳐	택시 • 出 날 출 • 租 구실 조 • 車 수레 거		
	出租车	出租车	出租车

自行车 zìxíngchē 쯔싱쳐	자전거 • 自 사용할 자 • 行 다닐 항 • 車 수레 거		
	自行车	自行车	自行车

직업

职业 zhíyè 즈예	직업 • 職 구실 직 • 業 업 업		
	职业	职业	职业
警察 jǐngchá 징차	경찰 • 警 경계할 경 • 察 살필 찰		
	警察	警察	警察
厨师 chúshī 츄스	요리사 • 厨 부엌 주 • 師 스승 사		
	厨师	厨师	厨师
大夫 dàifu 따이푸	의사 • 大 클 대 • 夫 지아비 부		
	大夫	大夫	大夫
护士 hùshi 후스	간호사 • 護 지킬 호 • 士 선비 사		
	护士	护士	护士

주제별 간체자 쓰기 (단어)

歌手 gēshǒu 꺼셔우	가수 • 歌 노래 가 • 手 손 수		
	歌手	歌手	歌手

司机 sījī 쓰지	운전기사 • 司 맡을 사 • 機 틀 기		
	司机	司机	司机

律师 lǜshī 뤼스	변호사 • 律 법률 • 師 스승 사		
	律师	律师	律师

画家 huàjiā 화지아	화가 • 畫 그림 화 • 家 집 가		
	画家	画家	画家

记者 jìzhě 지져	기자 • 記 기억할 기 • 者 놈 자		
	记者	记者	记者

날씨

刮风 guāfēng 꽈펑	바람이 불다 • 刮 깎을 괄 • 風 바람 풍		
	刮风	刮风	刮风

暖和 nuǎnhuo 누안훠	따뜻하다 • 暖 따뜻할 난 • 和 따뜻할 화		
	暖和	暖和	暖和

凉快 liángkuai 리앙콰이	시원하다 • 凉 서늘할 량 • 快 상쾌할 쾌		
	凉快	凉快	凉快

打闪 dǎshǎn 다샨	번개가 치다 • 打 칠 타 • 閃 번득일 섬		
	打闪	打闪	打闪

冷 lěng 렁	춥다 • 冷 찰 랭		
	冷	冷	冷

주제별 간체자 쓰기 (단어)

热 rè 르어	덥다 • 熱 더울 열		
	热	热	热

阴 yīn 인	흐리다 • 陰 응달 음		
	阴	阴	阴

晴 qíng 칭	맑다 • 晴 갤 청		
	晴	晴	晴

下雪 xiàxuě 씨아쉬에	눈이 내리다 • 下 아래 하 • 雪 눈 설		
	下雪	下雪	下雪

下雨 xiàyǔ 씨아위	비가 내리다 • 下 아래 하 • 雨 비 우		
	下雨	下雨	下雨

운동

篮球 lánqiú 란치여우
농구 · 籃 바구니 람 · 球 옥 구

篮球	篮球	篮球

排球 páiqiú 파이치여우
배구 · 排 늘어설 배 · 球 옥 구

排球	排球	排球

网球 wǎngqiú 왕치여우
테니스 · 網 그물 망 · 球 옥 구

网球	网球	网球

棒球 bàngqiú 빵치여우
야구 · 棒 몽둥이 봉 · 球 옥 구

棒球	棒球	棒球

足球 zúqiú 주치여우
축구 · 足 발 족 · 球 옥 구

足球	足球	足球

주제별 간체자 쓰기 (단어)

游泳 yóuyǒng 여우용	수영 • 游 헤엄칠 유 • 泳 헤엄 영		
	游泳	游泳	游泳

运动 yùndòng 윈똥	운동 • 運 옮길 운 • 動 움직일 동		
	运动	运动	运动

跑步 pǎobù 파오뿌	달리기 • 跑 허빌 포 • 步 걸음 보		
	跑步	跑步	跑步

健身 jiànshēn 지엔션	헬스 • 健 굳셀 건 • 身 몸 신		
	健身	健身	健身

比赛 bǐsài 비싸이	경기 • 比 견줄 비 • 赛 내기할 새		
	比赛	比赛	比赛